Håndlavede Blomster
5 Nemme
for
Absolut Begyndere

Sukkerblomster.dk

HÅNDLAVEDE BLOMSTER

5 Nemme

For

Absolut beg

Redaktion: Sukkerblomster.dk

Korrekturlæsning: Sukkerblomster.dk

Forlag: BoD · Books on Demand, Strandvejen 100, 2900 Hellerup, bod@bod.dk
Tryk: Libri Plureos GmbH, Friedensallee 273, 22763 Hamborg, Tyskland
ISBN: 978-87-7691-989-4

Indholdsfortegnelse

1. Forord - Tanker bag bogen

Vi ved, at dette er en hobby, som ikke er synderligt udbredt i DK, det vil vi gerne lave om på, da sukkerkunst er stort i udlandet, fx i England, der er oprindelseslandet, skal man være certificeret underviser for at undervise i det.

Rundt omkring i verden (UK, USA, NL, de asiatiske lande osv.) afholdes mesterskaber i det, men i DK snuser man kun til det, hvis man fx uddanner sig til konditor.

Hvert år i november afholdes en stor messe i Birmingham, hvor årets verdensmester udkåres.

Blomsterne i sukkermasse er både smukke og spiselige, de kan bruges som pynt på både kager og som dekoration. Det siges, at man brugte sukkerblomster som bordpynt helt tilbage i Victoriatiden, at det var Dronning Victorias passion for blomster, der gjorde, at hun fik sine tjenestefolk til at kreere blomster til dekorationer.

Desværre er blomster i sukker skrøbelige, de knækker nemt og tåler ikke fugtig luft, hvilket har ført til, at man i de asiatiske lande især har udviklet koldt porcelæn, som er mere holdbart, dog ikke spiseligt og må ikke bruges i forbindelse med mad. Begge typer kan dog påstås at være biologisk nedbrydelige, da hovedbestanddelen i Flowerpaste er sukker og andre spiselige ingredienser, og i koldt porcelæn er det majsmel, dog tilsat glycerin og trælim, i nogle tilfælde også harpiks, hvilket gør det uspiseligt.

Rundt om på messer er vi blevet spurgt, om der findes bøger omkring emnet, og det gør der: på engelsk, hollandsk, russisk, kinesisk osv., derfor vil vi i denne bog tage udgangspunkt i, at du aldrig har lavet håndlavede blomster i hverken koldt porcelæn eller sukkermasse (Flowerpaste). Vi vil derfor gennemgå alle trin meget minutiøst, tillige laver vi nogle små videoklip med de teknikker, der er sværest at forklare på skrift, de kan tilgås helt gratis på vores hjemmeside www.sukkerblomster,dk under **#kurser** – Bøger – Video. Her kan du vælge at gå ind og se teknikkerne og høre nogle fif, som måske er brugbare for dig. Finder du det stadig svært, er du også velkommen til at skrive til os på info@sukkerblomster.dk, så har vi en chance for at hjælpe dig godt igennem din proces.

I forhold til værktøj og materialer vil vi i de første afsnit gennemgå dem grundigt og foreslå alternative ting, så du kan komme i gang ved brug af de ting, du måtte have i forvejen i forbindelse med andre hobbyer. Hvis man ønsker det bedste værktøj, er det selvsagt en dyr hobby, men man kan starte med det, man har i forvejen og supplere op hen ad vejen. Vi har sammensat blomsterne i bogen, så du skal købe mindst muligt for at komme i gang.

Der ud over sælger vi selvfølgelig alle materialer, som er nødvendige for at komme i gang, og vi udbyder kurser til videre udvikling, når du kommer så langt.

Alle blomster i bogen er lavet i koldt porcelæn, men kan også laves i Flowerpaste, så de kan bruges som pynt på kager, i bogen bruges der derfor hobbylim og niveaucreme, hvor man til sukker i stedet for skal bruge fx æggehvide som lim og Crisco kokossmør til afrensning af flader. Fremadrettet vil vi i bogen ofte bruge PASTE som betegnelse for den masse vi arbejder med.

Vi vil stærkt anbefale, at du laver blomsterne i den rækkefølge, som de er i bogen, da der bygges på i forhold til basisteknikker for hver blomst.

2. Værktøj og materialer

Værktøj, der er nødvendigt for at lave blomsterne i denne bog, er som vist her på billedet s. 12 :

1. Der er brug for et udvalg af tænger, her er der vist 3 slags: <u>en bidetang</u> til at klippe wire over med, denne fra PME giver et godt snit uden flosser. <u>En rundtang</u> til at runde enderne, når der skal gøres klar til at fæstne porcelænet, Samt <u>en fladtang</u> til at bøje wirerne i facon, når blosterne er færdige.

2. Udrulningsbræt og udrulningspinde: <u>brættet</u> kan have mange former og størrelser, det vigtigste er at det har en glat og plan overflade, her er det fra PME (blå) med riller på den ene side, så det har 2 funktioner. Rullepinden er 23 cm og findes i mange mærker og prisklasser. Der ud over <u>en lille rullepind,</u> kaldet en friller, denne har samme diameter som en stor strikkepind.

3. 3 slags modelleringsværktøj, disse er fra PME et godt, billigt og holdbart mærke (gule) : <u>et dresden-værktøj</u> med en flad bred ende og en spids skarp ende, <u>et kugle-værktøj</u> med en stor kugle i den ene ende og en lille i den anden, <u>et rulleskære-værktøj</u>, med henholdsvis stor og lille rulleskær i hver sin ende. Der ligger også et ske-værktøj, en lille øse til at tage pulverfarve med, men der kan bruges meget andet afhængig af farvernes beholdere.

4. Et skumbræt (hvidt), som bruges til at forme på.

5. En stor og en lille saks, samt en pincet

6. Tandstikkere til mange små detaljer, samt til brug ved påføring af lim.

7. En forstøverklud – her lavet af en skumserviet med majsmel i og bundet sammen, et nyttigt værktøj, når pasten klistrer.

Værktøj og materialer forsat

På side 14 kan du se lidt mere værktæj, plus andre nyttige ting, der er uundværlige.

1. Hobbylim, den vi bruger er Tacky Glue, en god lim til koldt porcelæn, da den er fleksibel, når den er tørret op, samtidig er den både drøj og billig. Der findes selvsagt speciellim til koldt porcelæn, men de er dyrere. Til sukkermasse skal der buges æggehvide eller spiselig lim.

2. Niveaucreme er et must, da det bruges til både rensning af bræt og materialer, men også til at smøre på wrap til at pakke porcelænen ind i, så den ikke tørrer ud.

3. Pensler : et godt udvalg af forskellige størrelser, disse fra PME er gode og billige og dækker de fleste behov.

4. En mini-luftpumpe, Blooms the puffer : et godt redskab til at puste de malede emner rene for løst støvfarve, så man ikke risikere at spytte på emnet. Den er især vigtig, hvis man arbejder med sukker, som formodes at skulle bruges i forbindelse med kager.

5. Der ses ligeledes 3 slags udstikkere : <u>sæt med 4 Daisy/marguerit stempel-udstikkere</u>, disse bruges til de 2 slags margueritter og til lavendel, men kan også bruges til et utal af andre blomster, når du først er inde i processerne. <u>En femblads stempel-udstikker str. Lille</u>, den bruges her i bogen til liljekonvallen, men kan også bruges til mange andre ting. <u>Et sæt med 4 metal udstikkere til Vild-rose</u>, her i bogen bruger vi kun de 2 mindste til forsythia, men det er også et udstikkersæt, der kan bruges til mange ting siden hen.

Ud over de ting, der listet op på disse sider, er det en god ide at have nogle plastlommer, nitril-handsker til malearbejdet, vådservietter til den lette rengøring undervejs, wrap til at pakke massen ind i, hvad enten du laver det i porcelæn eller sukker, nogle skumservietter, der bl.a. bruges til at lave forstøverpude med, køkkenrulle, samt et par oasis til tørredeblomster, beklædt med wrap, så de ikke fnuller over det hele. Hertil også lidt vodka og enten sukkerglaze eller spraylak (klar lak i mat og glans)

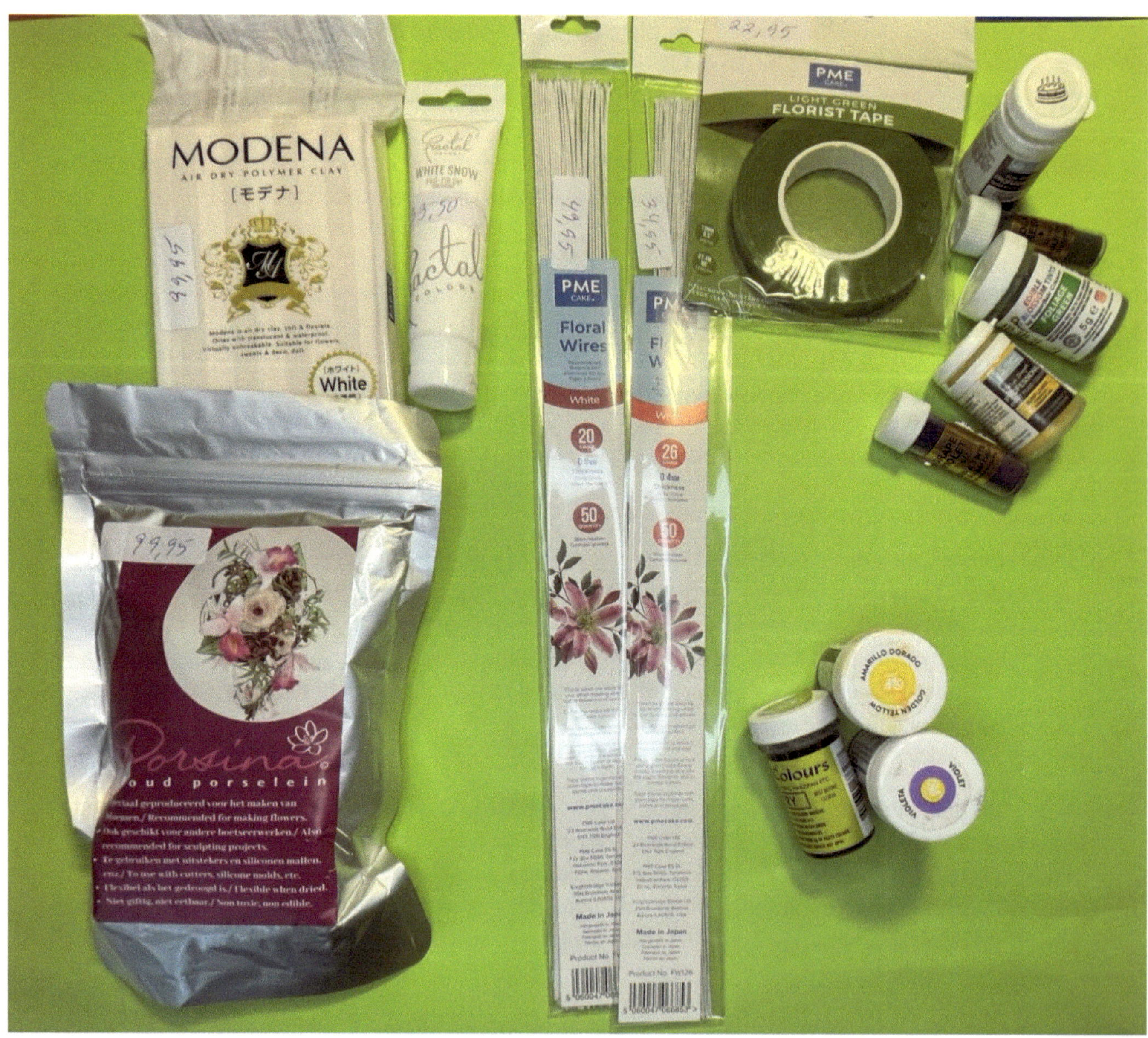
MODENA
AIR DRY POLYMER CLAY
[モデナ]
White
Fractal
WHITE SNOW
Porsina
oud porselein
PME
Floral
Wires
White
20
PME
Floral
Wires
26
PME
LIGHT GREEN
FLORIST TAPE
Colours
AMARILLO DORADO
GOLDEN YELLOW
VIOLETA
VIOLET

På side 16 ses de materialer, der er nødvendige for at lave ALLE blomsterne i denne bog, men du kan starte med nogle af tingene i forhold til hver blomst.

1. Koldt porcelæn : der findes mange slags, og man kan godt nøjes med en af slagsene, men vi foretrækker at blande disse 2 ; MODENA er en meget fast masse, der kan være hård at arbejde med, derfor blander vi den med PORSINA, som er meget løs og kan føles let klistret, denne blanding er ret fleksibel, når den er tør. Andre foretrækker MODERN THAI, som pt er den dyreste, vi har, men en utrolig lækker masse at arbejde med. Der ud over findes der de billige typer, som kan bruges på forskellige måder til at blande i de dyre, men alt det vil du lære, når du kommer godt i gang.

2. Alle de dyre porcelæner er transperante og skal derfor tilsættes en hvid pigment. Det kan gøres med forskellige slags hvid ; fx spiselige farver, oliefarver eller akrylfarver, men det er også her de billige udgaver kommer til sin ret, da de kan bruges til det formål, de er nemlig alle tilsat grundfarver. Flowerpaste (sukkermasse) er hvid, så den skal ikke tilsættes pigment inden du starter. På billedet her ses en FRACTAL hvid paste farve, den må ikke spises i EU, da den er tilsat zink, som giver den hvide farve, men den god til at blande i porcelæn.

3. Der skal bruges nogle blomsterwire. Til blomsterne her i bogen har vi brugt gauge 20 og gauge 26. Tallet fortæller om wirens tykkelse, og jo større tal, des tyndere er wiren. Vælger du at arbejde med sukker, vil vi anbefale, at du bruger g 18 og g 24 i stedet for, da sukkermasse er tungere end koldt porcelæn.

4. Blomstertape : den findes i 2 bredder, vi har valgt den bredeste, dan den sagtens kan klippes i halv bredde, så du kun behøver en rulle til at begynde med.
5. Pasta-farver : vi har valgt 3 farver – gul, grøn og lilla. Nogen blomster har brug for lidt basisfarve inden de laves, og disse 3 farver dækker meget godt blomsterne her i bogen.

6. Støvfarver : vi har valgt 5 farver, da støvfarver bruges til at lave detaljer og give blimsterne den ekstra 3D effekt. <u>Solsikkegul</u>, som er en varm farve, der kan bruges til mange forskellige blomster. <u>Hvid,</u> fordi den er god til at blande i de andre farver for at gøre dem lysere. <u>Lilla,</u> den er nødvendig til lavendel, som er den letteste at lave og en god begynderblomst. <u>2 grønne – en lys og en mørk,</u> da det er nødvendigt med minmum 2 slags, for at give 3D effekt og liv til det grønne,

3. Forskellige Basis Teknikker
Indfarvning

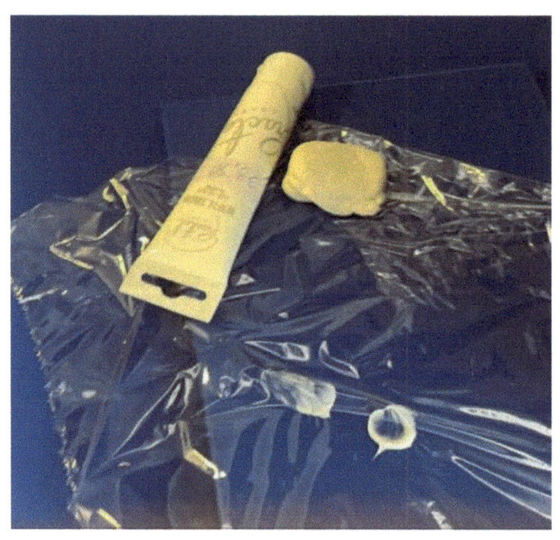

1

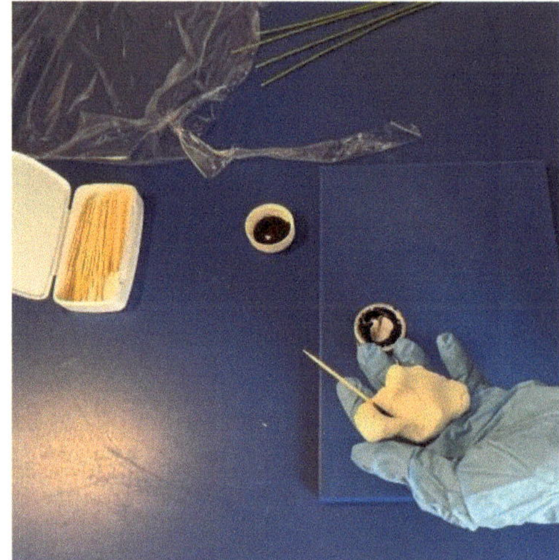

2

Billede 1 og 2 her er klargøring af den kolde porcelæn.

1 - viser lidt porcelæn, som er æltet op og tilsat en lille smule hvid paste, forbered aldrig mere end du tænker, at du skal bruge, da pasten, som jo lufttørrer, starter tørre-processen med den samme, du begynder at bearbejde den. Du kan også se et stykke wrap, hvor jeg har sat bare en lille dut med niveaucreme, denne skal fordeles på hele wrappen, så du kan pakke din klargjorte paste ind.

2 - viser hvordan der tilsættes lidt lilla pastafarve til en lille smule porcelæn, så den bliver klar til lavendel. Der bruges en tandstik til at dosere farven med, tilsæt lidt ad gangen, da det er lettere at tilsætte mere efterhånden, end det er at fortynde farven, hvis der bliver tilsat for meget. Det kan nemlig kun gøres ved at blande mere porcelæn i, og så ender du ud med alt for meget i den farve.

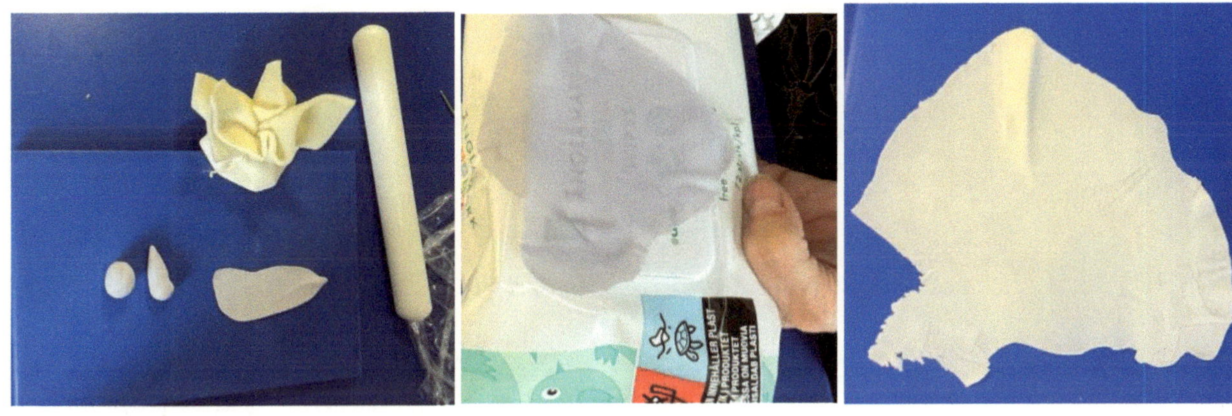

1   2   3

1 – viser hvordan du tager en lille del af den klargjorte masse, triller den til en kugle, for at sikre, at der ikke er revner i den. Dernæst ruller du den til en dråbeform, og derfra ruller du dråben let flad, hvorefter du ruller fra midten ud, løfter og drejer, ruller fra midten ud, sådan at den lille spids forbliver urørt, se evt videoen på vores hjemmeside, inden du går i gang, da den viser meget mere præcist, hvordan du skal gøre.

2 – viser at den udrullede masse skal være så tynd, at du kan læse/skimte skriften på pakken med vådservietter nedenunder.

3 – viser den samme form for udrulning, men her er der efterladt en forhøjning i den ene halvdel, fordi denne udrulning skal bruges til et blad, hvor wiren stikkes i forhøjningen. Denne udrulning er ikke så tynd, for den skal bruges til bladet på liljekonvallen, som jo er lidt tykt og voksagtigt. Se også her videoen på hjemmesiden

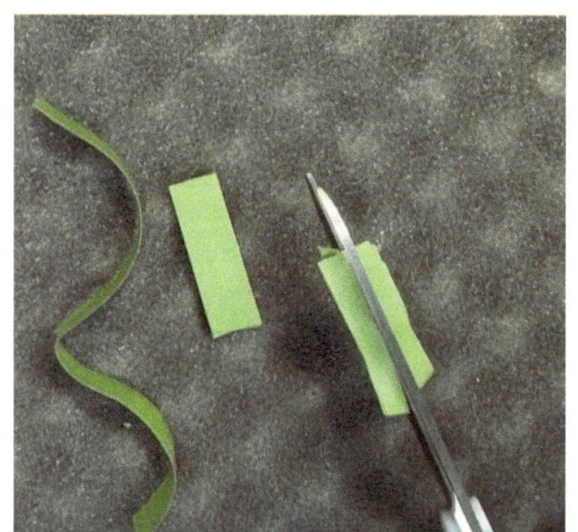

1

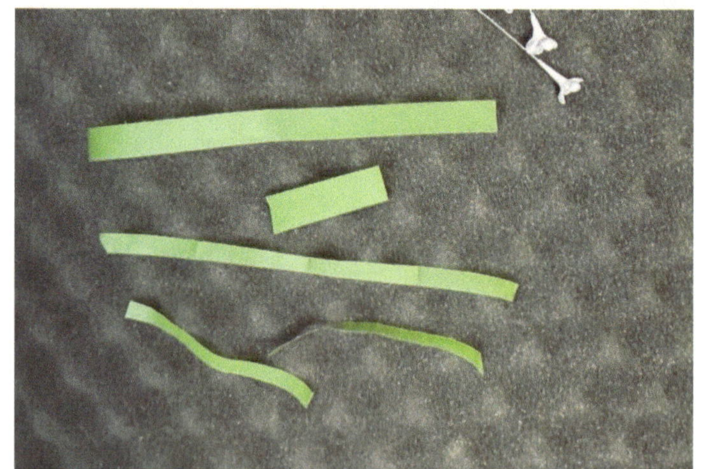

2

Her på side 20 ser du, hvordan du sætter tape på wire. Blomstertape er et papirbånd tilsat bivoks. Bivoksen aktiveres ved at trække i båndet, derved klistre det på begge sider, så der er ikke nogen for- eller bagside,

Det store billede viser flere stadier af, hvordan du sætter tapen på hele wiren, som du skal til lavendel. Hvis du i forvejen ved en masse om at binde blomster, så kan du det her, men ellers er det vores erfaring, at det er noget af det sværeste at lære, men det er vigtigt, at du trækker lige så forsigtigt i den ene ende af tapen, mens du holder godt fast med den anden hånde, dog ikke så fast, at du trækker tapen over.

Start lidt nede på wiren, og få tapen fastgjort, skub den så op til toppen, og forsæt ned til hele wiren en dækket og lidt til, for at lukke af. Her kan du også se en video på hjemmesiden.

De 2 mindre billeder viser, hvordan du deler tapen. Det er godt at gøre, når der er mange små elementer, der skal samles, som fx ved liljekonvallen, forsytiaen og syrenen.

1 tag et stykke tape, fold det sammen, tag den store saks og klip det midt over.

2 fold den delte tape ud og klip den i mindre stykker. Det giver et pænere resultat at arbejde med tape stykker, der ikke er længere end 10-15 cm lange.

Men lad os nu endelig komme i gang

4. Lav en Lavendel

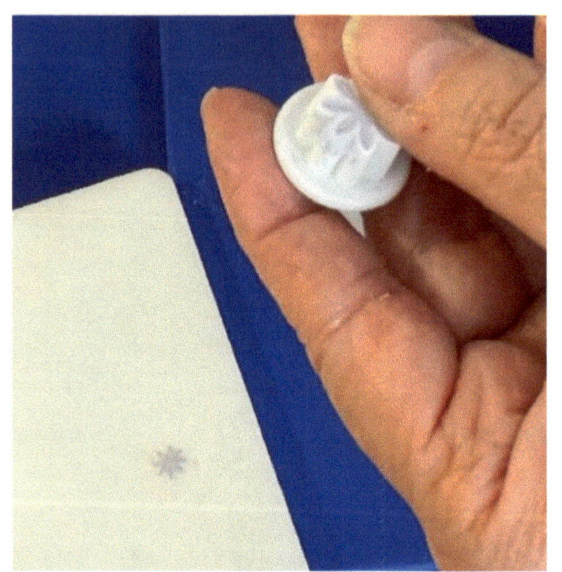

Klargør den kolde porcelæn som vist s. 18.

Sæt tape på wire G 20 – længde 18 cm (som vist s. 20) i det ønskede antal.

Udrul som vist s. 19 billede 1 og 2.

Billederne og beskrivelserne på de næste sider, viser det videre forløb.

Billede 1:

Udrul din indfarvede lilla porcelænsmasse, læg en plastlomme over, så den ikke udtørrer. Tag den mindste af de 4 marguerit-udstikkere. Udstik 3 små blomster ved at trykke hårdt og nøkke forsigtigt frem og tilbage, indtil du kan mærke at massen giver slip.

Billede 2:

Kør med din tommelfinger hen over udstikkeren, så du sikrer, at den udstukne blomst ikke hænger fast, når du trykker stemplet ned for at frigive den på den hvide skumplade.

Billede 3:

Vend blomsterne med bagsiden op, brug en palet til at bukke den på midten, og træk alle 3 ud til kanten af skumpladen.

Billede 4:

Med en tandstik, put lidt lim midt på alle blomster. Tag en af de klargjorte wirer og placer toppen på den ene blomst og fold blomsten omkring wiren. Klem forsigtigt i bunden af den påsatte blomst med tommel og pegefinger.

1

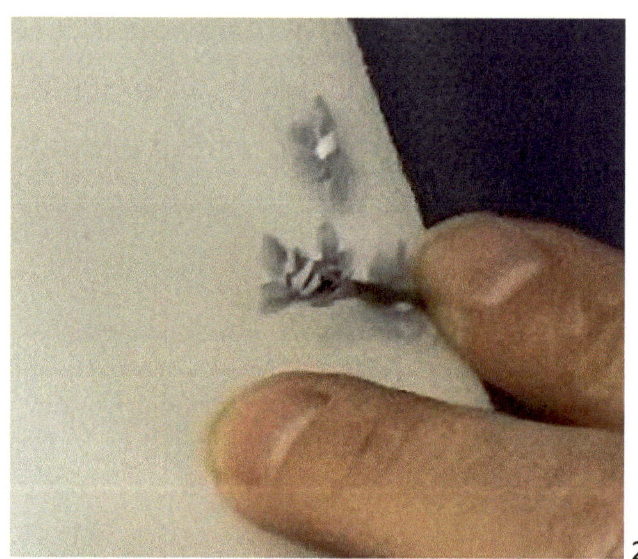

2

3

4

Billederne side 26 viser:

Billede 1:

Drej wiren en lille tand for hver blomst, så du ikke får lavet samlingerne lige under hinanden.

Fortsæt med de 3 udstukne blomster på samme måde som med den første, sæt dem tæt under hinanden.

Billede 2:

Udstik flere blomster og gentag hele processen og sæt dem et par millimeter nede ad wiren.

Billede 3:

Her ses 2 gange den samme proces med et lille mellemrum imellem.

Billede 4:

Varier antallet af blomster i små grupper ca. halvt ned ad wiren og sæt dem til tørre i en oasis. Lad dem tørre i 24 timer, så er det lettere at farve dem.

1

2

Billede 1:

Tag et stykke køkkenrulle, 2 pensler, lidt lilla og lidt mørkegrøn støvfarve.

Arbejd lidt lilla støv ind i den ene pensel, tjek at der ikke sidder for meget løst støvfarve. Start fra toppen af den færdige lavendel og børst med bløde strøg nedad. Det skal kun lidt farve på spidserne af hvert afsnit.

Billede 2:

Når du er færdig med at give alle lidt lilla, så skifter du pensel. Igen arbejd den grønne farve ind i penslen, så der ikke sidder for meget løst støv. Kør penslen forsigtigt rundt under hvert afsnit, så der kommer lidt grønt på bunden af alle.

For at fastgøre farverne skal du nu gøre 1 af 3 muligheder: A. spraye med vodka på sprayflaske, B. spray med sukkerglaze til sukkerblomster eller C. for koldt porcelæn klar, mat lak, gerne en med UV-beskyttelse.

5. Lav en Liljekonval

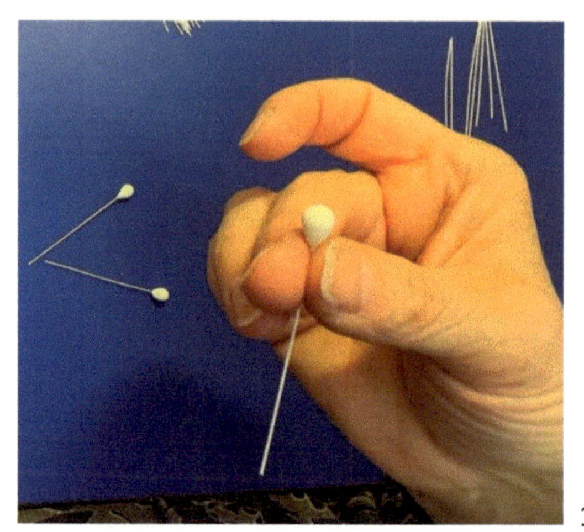

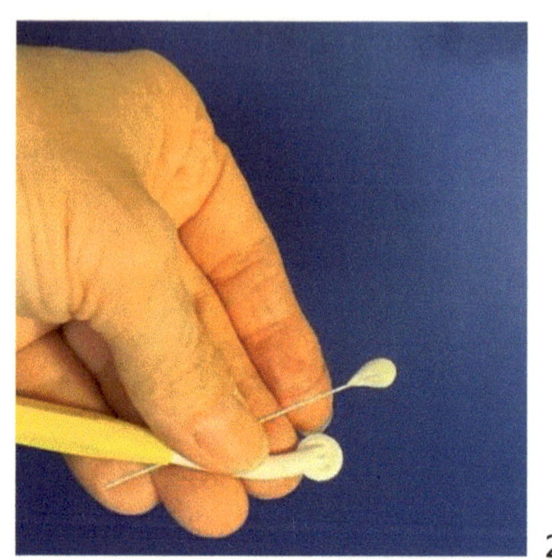

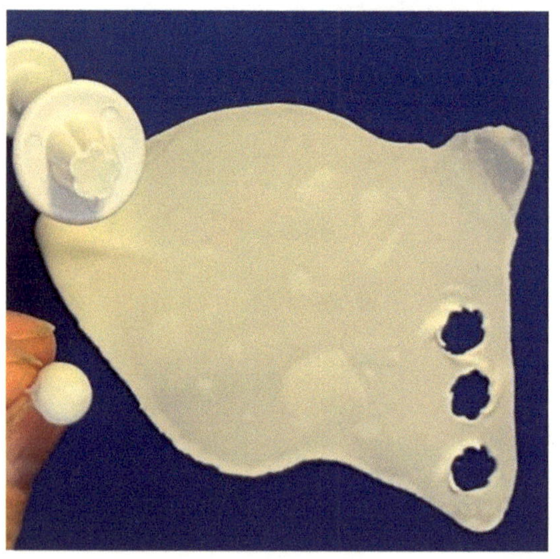

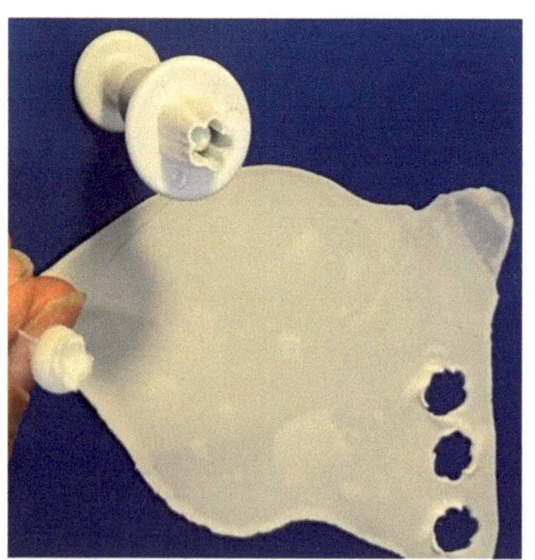

Billede 1:

For at lave 1 liljekonval skal du bruge 10-12 stk. wire G 26 i længde 6 cm. Start med at lave en lille kugle af pasten, 5-6 mm i diameter, tag et stk. wire, dyp spidsen i lim og sæt pasten på, lav pasten dråbeformet ved at trille den mellem 2 fingre.

Billede 2:

Tag den lille ende af rulleskæreren og lav 5-6 fordybninger, hvor du har rullet pasten på wiren. Du har nu lavet en knop, sæt den til tørring i 24 timer. Lav nu 4-5 stykker mere.

Billede 3 og 4:

Rul et lille stykke paste ud og læg en plastlomme over. Opstart af en blomst er på samme måde som med knoppen, når du har lavet en knop, tager du den lille 5-blads udstikker og udstikker en blomst, put lidt lim på toppen af din knop, sæt udstikkeren med blomsten mod toppen af knoppen, og med stempelfunktionen trykker du blomsten på knoppen, sæt til tørre (24t) og fortsæt med resten, indtil du har 10-12 blandede knopper og blomster, for hver færdig blomst, som du vil lave.

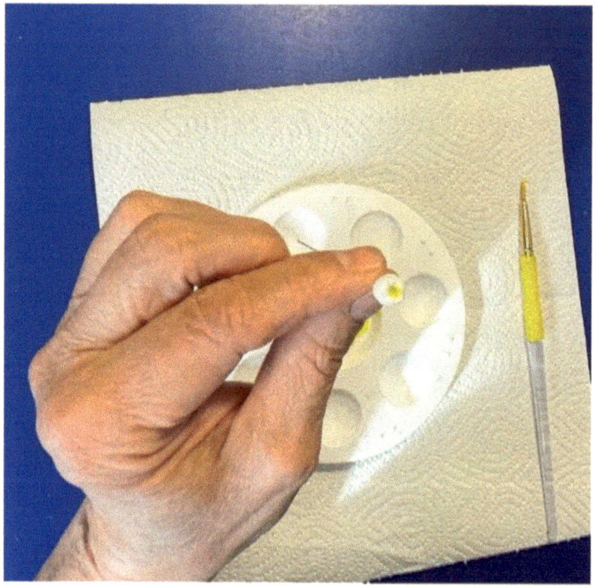

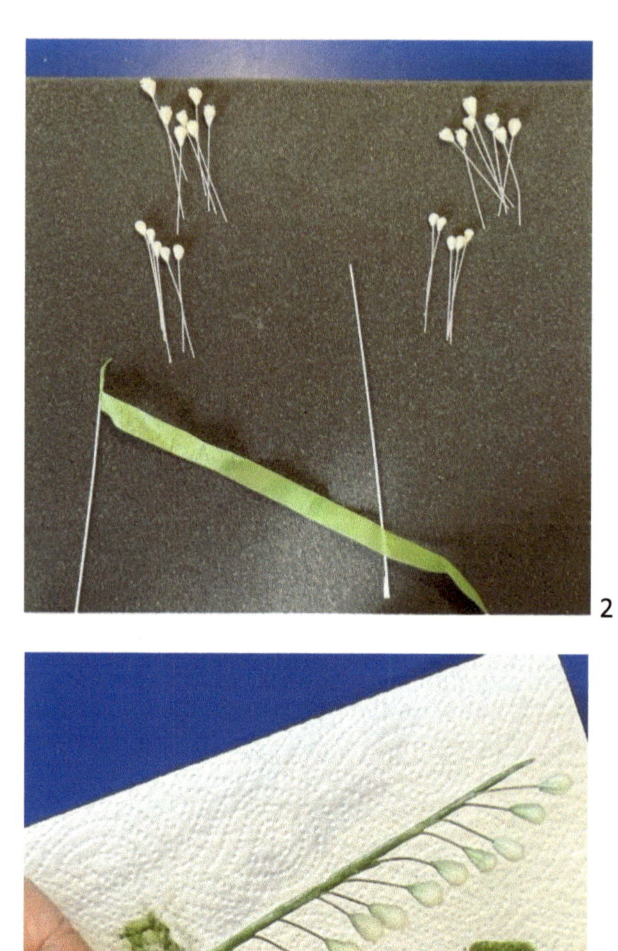

Billede 1:

Når blomsterne er tørre, tager du lidt gul støvfarve og blander med lidt vodka. Blandingen påføres med en tynd pensel i midten af de udsprungne blomster.

Billede 2:

For at samle blomsten, starter du med at sætte hel-bredde tape på en 18 cm lang wire G 20. Læg mærke til, at jeg kører tapen lidt uden for wiren, fordi liljekonvaller har et lille blad, der laver en spids foroven.

Billede 3:

Den første knop sættes ca. 5 mm nede ad wiren, og så sættes resten i samme afstand, forskudt skiftevis til højre og venstre side af wiren. Forsæt ca. halvvejs ned ad wiren og afslut tapen ved at forsætte hele vejen ned og lidt til, så tapen lukkes.

Billede 4:

Tag den lyse af de grønne støvfarver og kom farve på det lille stykke wire, der er synligt og giv et lille puf til blomsten, der hvor wire og blomst samles. Spray med lak, vodka eller damp, så du fæstner farven.

Lakken må gerne være med UV-beskyttelse, som også bruges til malerier.

På de næste sider laver vi bladet til.

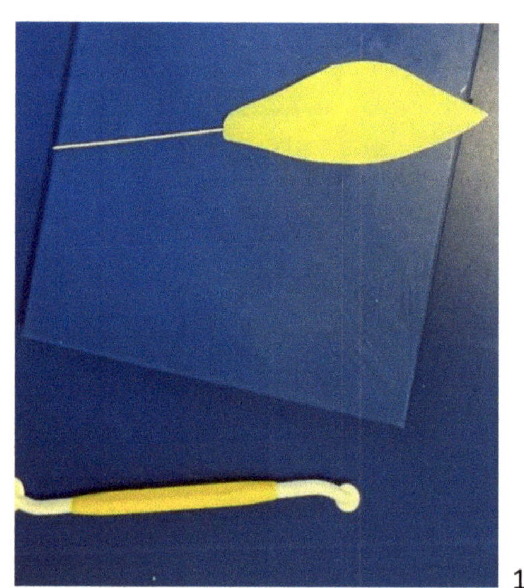

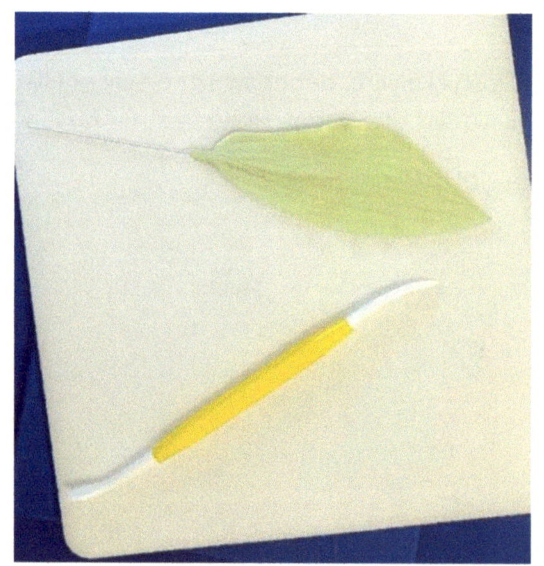

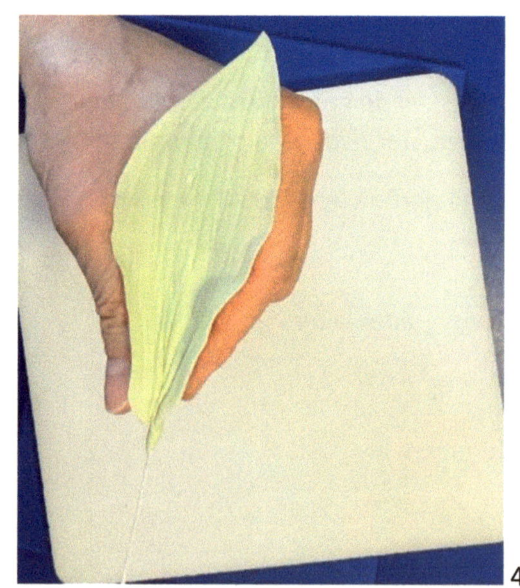

Billede 1:

Bland noget grøn paste, pas på ikke at tilsætte for meget og vær obs på, at grøn farve laver en kemisk reaktion, der gør, at pasten tørrer lidt hurtigere.

Rul ud med en ret stor forhøjning i midten, som vist på s. 19, her vil det hjælpe dig at tjekke den gratis video på hjemmesiden. Brug rulleskærens store hjul til at skære et passende blad ud. Tag en 12 cm lang wire G 20, dyp den ene ende i lim og put den i forhøjningen i pasten. Kør let med en finger hen over forhøjningen mod wiren, for at jævne denne lidt. Klem med et par fingre nederst så overgangen mellem wire og paste bliver jævn.

Billede 2:

Læg bladet på den hvide skumplade, og brug den store ende af kugleværktøjet til at jævne kanten rundt, halvt på bladet, halvt på pladen. Bladet må gerne bølge let i kanten, når du er færdig.

Billede 3:

Brug den skarpe ende af dresden-værktøjet til at lave vener/årer i bladet med, en kraftig i midten, og lettere streger på resten af bladet.

Billede 4:

Læg bladet som vist i din hånd og klem forsigtigt med tommel og pegefinger, for at lave en blød runding af bladet.

Billede 1:

Læg dine blade til tørre i en grillbakke eller andet, der giver samme facon, lad tørre i 24 timer.

Billede 2:

Find støvfarverne frem - de 2 grønne, den hvide og den lilla. Start med at give en god omgang lys grøn på forsiden af bladet, lad penslen køre let hen over bagsiden, som derefter skal have en gang hvid, mere skal der ikke gøres på bagsiden.

Billede 3:

Forsiden skal nu have noget mørkegrøn, start i midten med kraftige strøg og lidt lettere ud mod kanterne.

Billede 4:

Afslut med et lille puf lilla nederst på bladet og lidt på kanterne. Giv lak eller hvad du ellers har brugt.

På næste side samler vi de færdige blomster.

Billede 1:

Find din rundtang og lav en blød bue på hver lille stilk.

Billede 2:

Sæt bladet fast på blomsten med tape, og brug igen din rundtang til at bøje den lange stilk på den færdige blomst, så den buer let væk fra bladet.

De færdige blomster er smukkest, når de står i en klynge på 5-10 stykker

6. Lav en Marguerit (eller 2 slags)

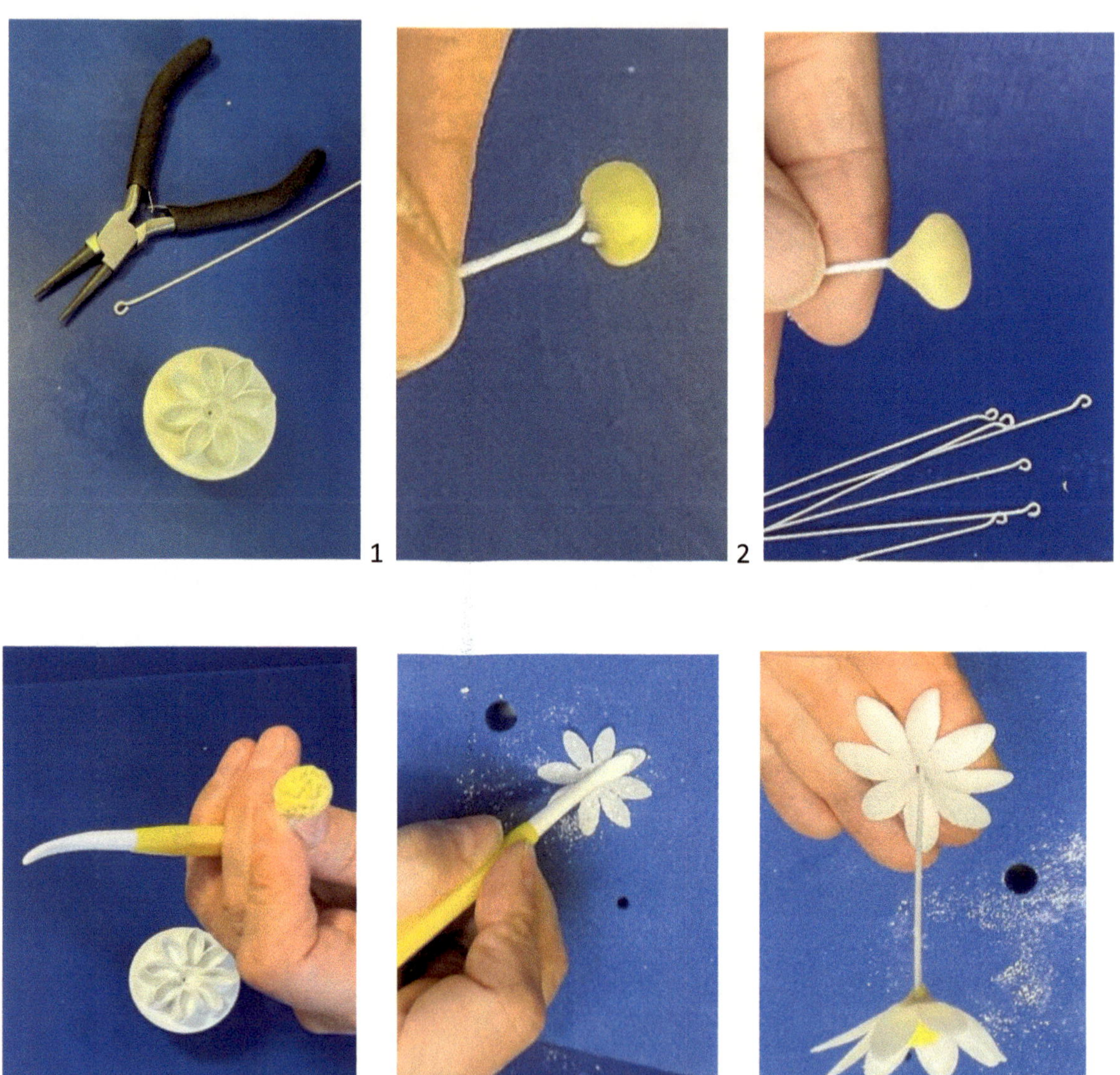

Vi starter med den store Daisy, den kan du lave i hvilken farve du har lyst, jeg har valgt den traditionelle hvide af hensyn til dit indkøb af farver. Samtidig findes der også større udstikkere til denne blomst, men vi holder os til denne pakke med 4 små.

Billede 1:
Start med at tage wire G 20 i længde 18 cm i det altal du ønsker at lave. Med en rundtang laver du et øje i den ene ende.

Billede 2:
Tag lidt gul paste, ca. 8 mm i diameter, put lim på øjet på wiren, sæt den lille gule paste på og drej den et nøk, så den låses med paste i øjet.

Billede 3:
Form den forsigtigt, så den bliver til en flad kegle, som vist på billedet.

Billede 4:
Tag enten dit dresden værktøjs spidse ende eller en tandstik til at lave små huller i toppen og lidt på siderne. Sæt den til tørre i 24 timer.

Billede 5:
Når dit center er tørret, udruller du en lille mængde hvid paste, udstikker et kronblad ved hjælp af den største daisy-udstikker, husk at nøkke, ikke dreje udstikkeren. Læg kronbladet på skumplade med bagsiden op, brug den brede ende af dresden-værktøjet, sæt spidsen af værktøjet mod spidsen af et kronblad og træk ind mod midten, så bladet får en let krumning, gør det hele vejen rundt

Billede 6:
 Kom lidt lim på centeret og sæt det færdige blad på centeret, og gentag processen, men sørg for at bladene kommer til at ligge lidt forskudt. Bøj wiren og hæng den til tørre, brug evt. en bøjle, lampe eller et smykkestativ.
Lad dem tørre i 24 timer. Vil du give dem lidt mere fylde, kan du give et lag mere. Dem på billedet, i starten af dette afsnit, har 3 lag.

Når blomsterne er tørre, skal de have et bægerblad (på engelsk – calyx), hertil skal du bruge en grøn paste, men kom først tape på wiren.

Billede 1:
Til at lave bægerbladet skal du bruge de 2 mindste daisy-udstikkere, en lille saks, dresden-værktøjet og en lille nål.

Billede 2:
Udrul den grønne masse og udstik 3 af den næstmindste udstikker og 1 af den mindste. Brug saksen til at klippe dem i 4 dele hver.

Billede 3:
Kom lidt lim på undersiden af blomsten og fordel de små stykker jævnt rundt, brug nålen til at placere dem med, der skal bruges 5 af de store stykker til hvert lag, brug den skarpe side af dresden-værktøjet til at trykke ned mellem de to blade, så der kommer en lille fordybning. Gentag med 5 af de store stykker til andet lag, til allersidst sættes de 4 mindste stykker på.

Billede 4:
Her ser du den færdige blomst fra bagsiden, der blev en rest af de udstukne grønne, men den bruger du bare på den næste blomst, så du kun behøver at udstikker 2 af de store.

Bland lidt hvid og gul farve til at farve centeret

Farv bagsiden med først den lyse grønne, fra spidserne af calyx ind mod midten, afslut med mørkegrøn i bløde strøg inde ved midten. Giv lak.

1

2

3

Nu skal vi lave en tusindfryd, den mindste blomst i Marguerit-familien.

Start med at lave centeret på samme måde som den foregående, længden på wirerne behøver dog ikke være længere end 10-12 cm., og den lille gule klump til centeret, kan også gøres mindre.

Billede 1:

Brug stadig den største Daisy-udstikker, men i stedet for at runde bladene, tager du rulleskæret og deler hvert blad. Når du bliver godt øvet og bekendt med teknikkerne, kan du skifte til de 2 mindste udstikkere til denne blomst, så den bliver mere tro mod sin naturlige størrelse.

Billede 2:

Kom lidt lim på bagsiden af centeret og sæt blomsten på, gentag så der er 2 lag i alt.

Billede 3:

Hæng til tørre og lad blomsten tørre i 24 timer.

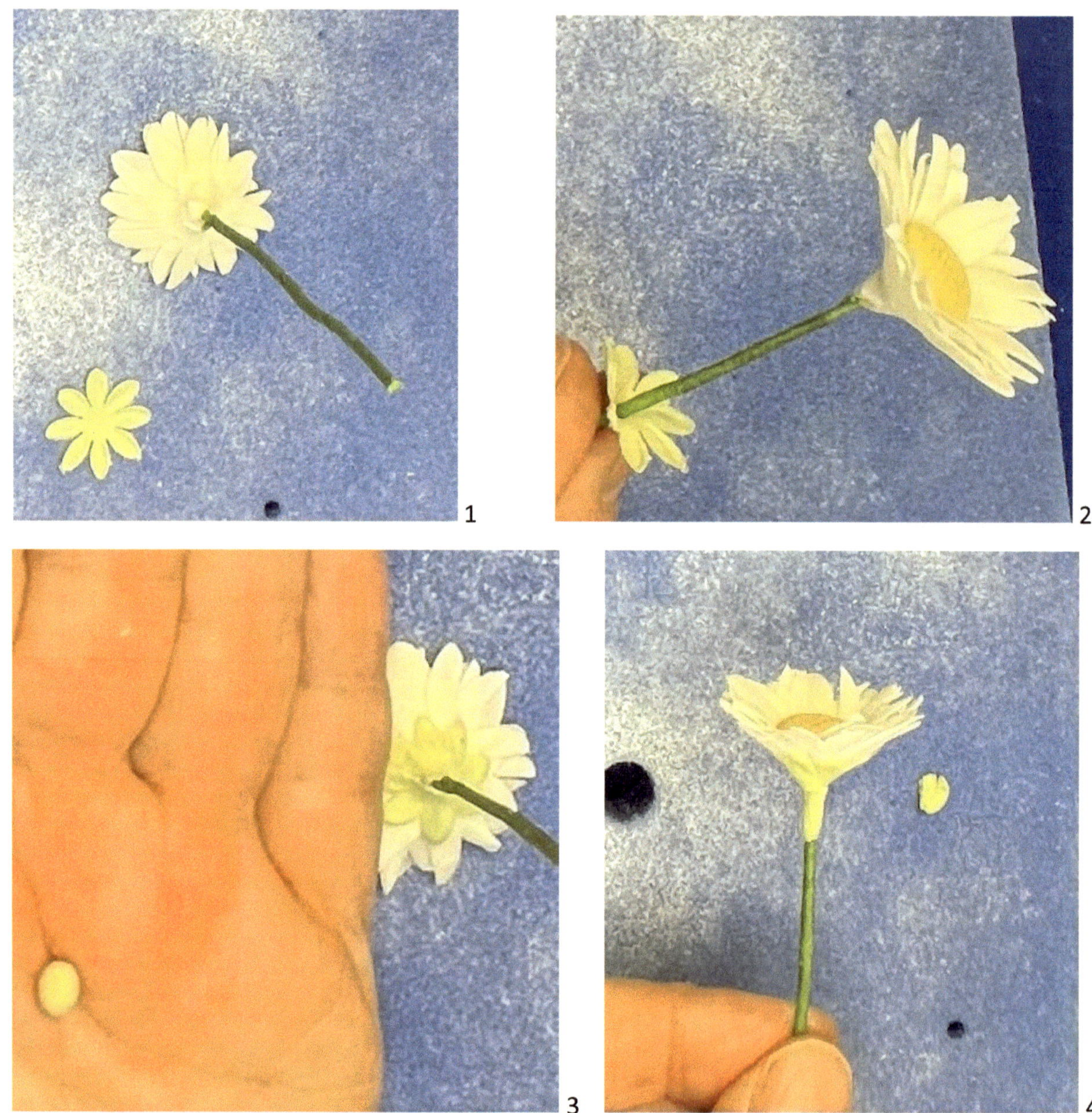

Billede 1:

Når blomsterne er tørre, skal de have det grønne bægerblad. Her bruger jeg udstikker nr. 2, den næstmindste udstikker. Kom først tape på wiren, udstik så et bægerblad, vend det med bagsiden op, og brug den lille ende af kugle-værktøjet, kør forsigtigt fra spidsen af hvert blad ind mod midten, så der kommer en lille hulning, lidt a la en tagrende.

Billede 2:

Kom lidt lim på bagsiden af blomsten og sæt bægerbladet på.

Billede 3:

Tag en mikroskopisk lille klump af pasten, sikr at der ikke er revner i, og tril den til en lille pølse, kom lidt lim på wiren, lige under bægerbladet og vikl pølsen rundt om wiren.

Billede 4:

Rul forsigtigt mellem 2 fingre så bægerblad og pølse forenes til en samlet enhed. Lad blomsterne tørre.

Når blomsterne er tørre, farves de på samme måde som den store Marguerite, disse tilføjes dog et strejf af lilla blandet med hvid på spidserne. Det optimale ville være at farve med en rødlig eller sart pink, men igen holder vi os til de få farver.

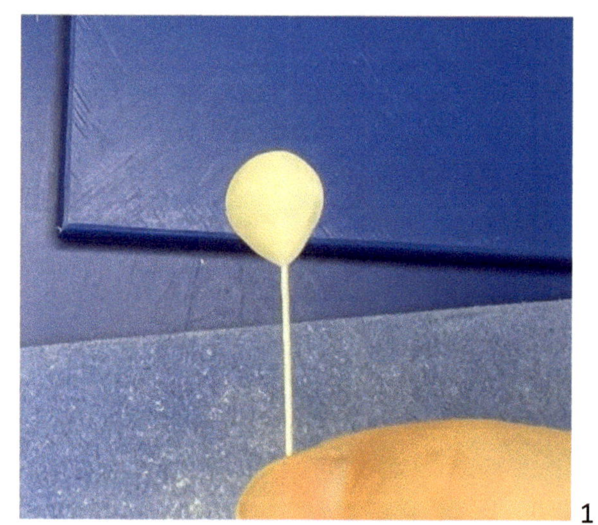

Billede 1 :

Vi skal have lavet en knop. Lav centeret på samme måde som til blomsten : lav et øje, sæt en lille klump paste på (ca. 8 mm i diameter). Denne gang skal de dog forblive lettere dråbeformede, som vist på billedet, lad dem tørre i 24 timer inden du arbejder videre.

Billede 2 :

Brug samme fremgangsmåde til udstikning og formning af kronbladet, udrul, udstik, del hvert blad med rullskæreren.

Billede 3 :

Fordel lim på hele det tørrede center, sæt kronbladet på.

Billde 4 :

Fold alle blade op om centeret, kom tape på og lav et bægerblad, som til den udsprugne blomst og sæt den på, også den afsluttende del med pølsen.

Når knopperne er tørre farves de på samme måde som blomsterne : lidt lilla/hvid på spidserne og lys grøn først, dernæst mørkegrøn.

På de næste sider laver vi nogle få blade til tusindfryd.

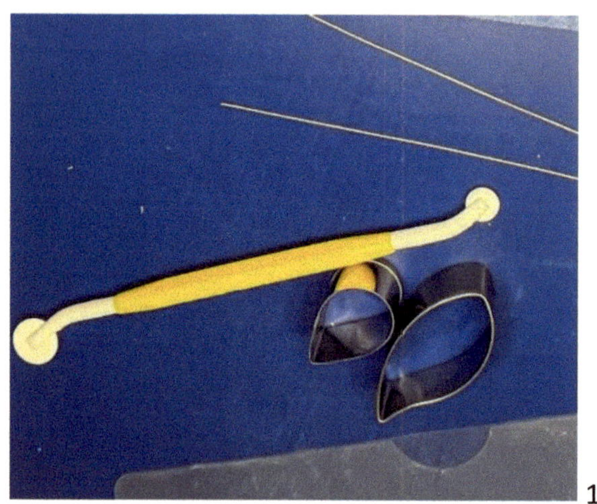

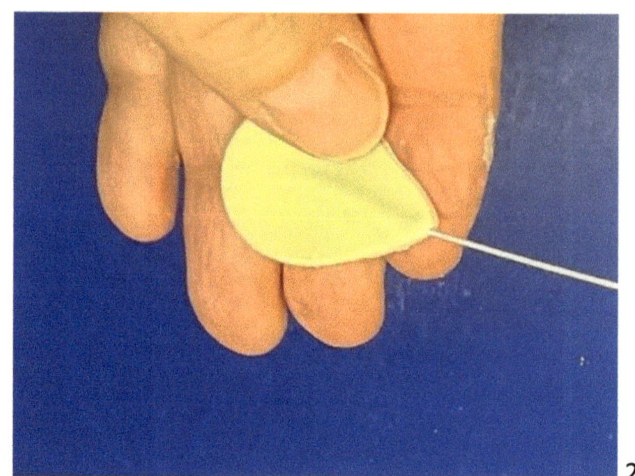

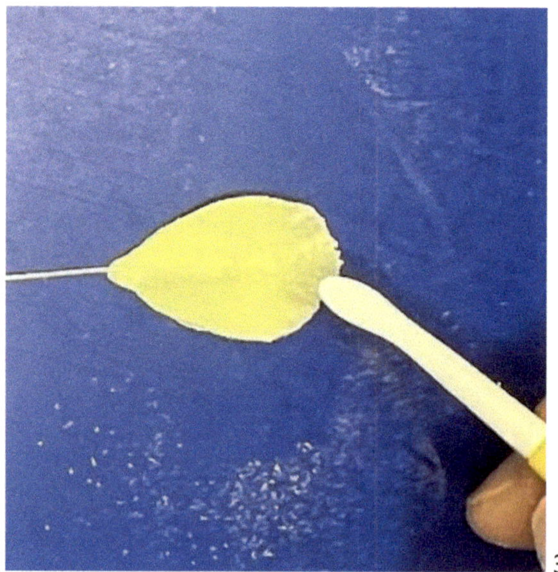

Billede 1:

For at lave bladene skal du bruge wire G 26 i 9 cm længde, jeg har brugt nogle metal udstikkere til blade, men du kan sagtens bruge rulleskæreren, som du gjorde ved liljekonvallen. Rul den grønne paste ud med en forhøjning i midten og skær eller stik ud.

Billede 2:

Dyp den ene ende af en wire i lim og put den i forhøjningen. Læg bladet på skumpladen og med en blød hånd aer du forhøjningen fra midt blad mod wire, for at jævne og sikre, at bladet sidder fast. Med 2 fingre klemmer du nederst på bladet, så der skabes en blød overgang mellem paste og wire.

Billede 3:

Læg nu bladet på dit udrulningsbræt, sørg for at der er majsmel på brættet og på bladet foroven. Med den brede ende af dresden-værktøjet trækker du den yderste kant ud, så den flosser hele vejen rundt.

Billede ¤:

Vend dresden-pinden om så du med den skarpe side kan lave vener/årer på bladet. Bøj bladet forsigtigt på midten, og med blød hånd buk kanten rundt lidt bagud. Sæt til tørre. Når de er tørre, tapes og farves de.

Bladene farves og lakkes på samme måde som bladet til liljekonvallen.

Når det hele er færdigt, kan du sætte dem i en lille krukke med oasis til tørrede blomster.

7. Lav en Forsythia

1

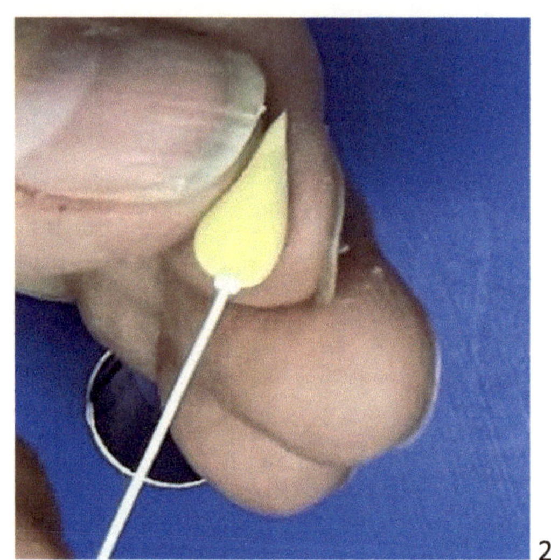

2

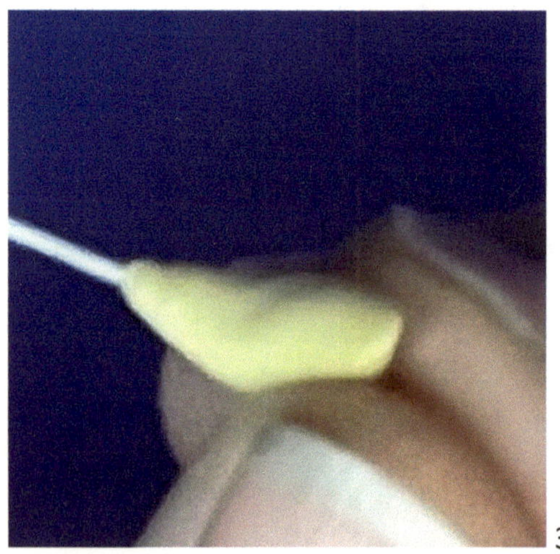

3

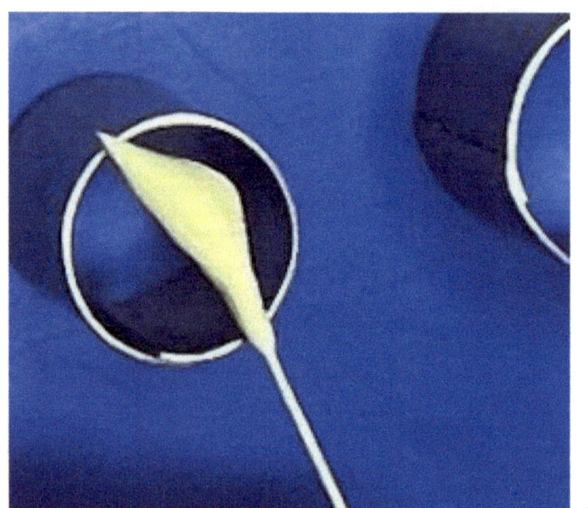

4

Billede 1 :

For at lave en forsythia skal du bruge, foruden bræt, udrulningspind, skumplade og lim, de 2 mindste udstikkere til en vildrose (briar rose). Kold porcelæn, indfarvet med gul og lille smule grønt, 24 stk. wire G 26 længde 6 cm, saks, kugle-værktøj og dresden-værktøj.

Billede 2 :

Start med at tage en lille klump af pasten, 5 mm i diameter, form den til en dråbe, kom lim på spidsen af en wire, sæt den tykke ende af dråben på wiren og tril mellem 2 fingre, så bråben ændrer form, tyk på midten og spids i begge ender.

Billede 3 :

Med 2 fingre klemmer du ganske forsigtigt på den tykke del, så der dannes en forhøjning, på modsat side trykker du med tommelfingeren på den brede del, og med pegefinger på den øverste spids, så den lille klump kommer til at ligne et gåsehoved.

Billede 4 :

Når det er færdigt skal det helst ligne dette billede, og det skal helst kunne være indenfor den mindste udstikker. Da det er håndværk, kan nogle få godt være lidt udenfor. Sæt den i en oasis til tørrede blomster, og lav resten. Lad dem tørre i 24 timer.

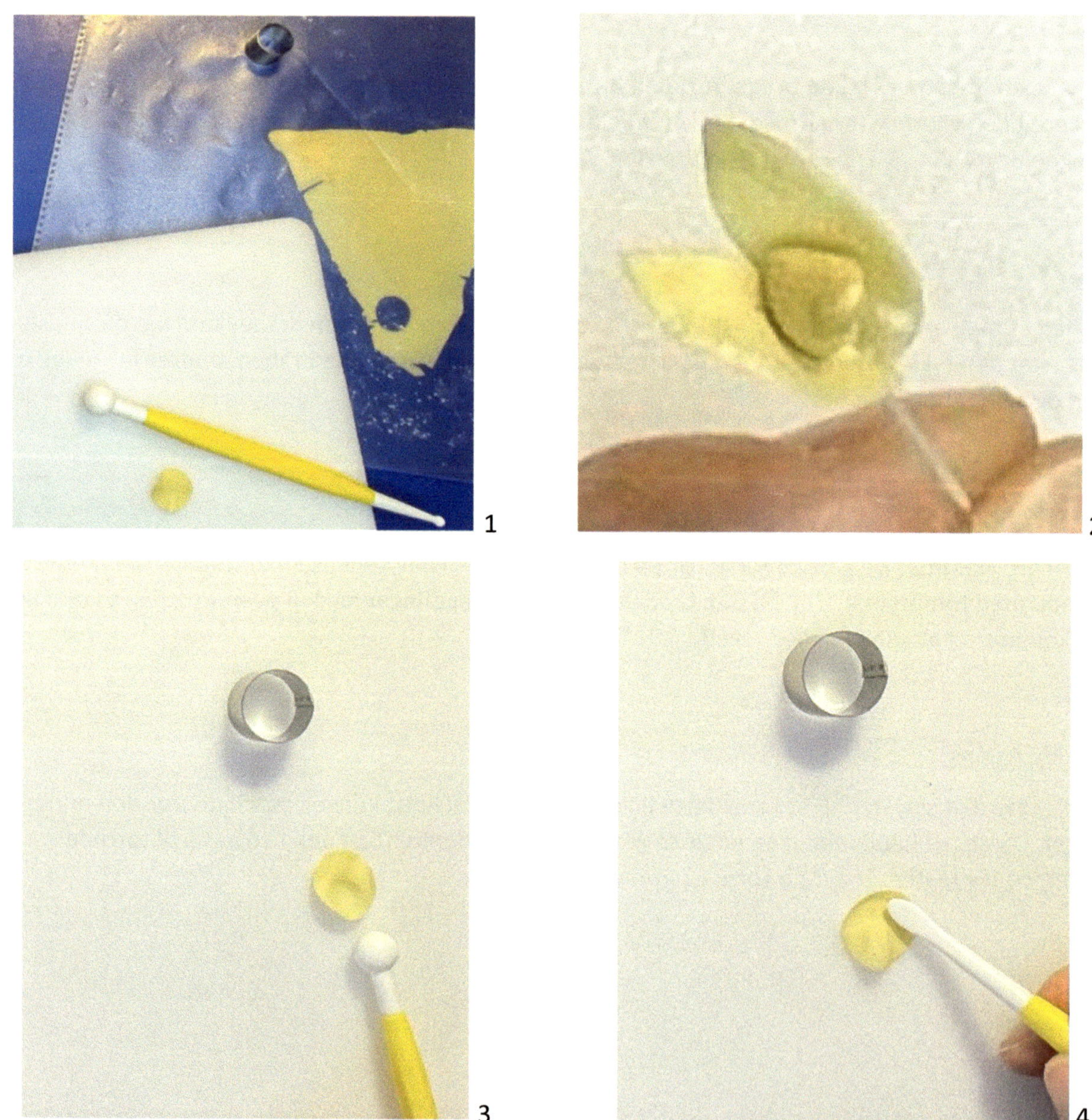

Billede 1:

Inden du fortsætter med dette trin, skal du vælge de 6-8 største af dine knopper, som lægges til side.

Udrul en lille mængde af den gule masse, udstik med den mindste udstikker, dut skæg, med en finger dut rundt langs kanten af cirklen, se evt. video på hjemmesiden, og læg den lille cirkel på skumpladen, jævn kanten rundt, du må gerne forstørre det lidt. Tag saksen og klip 2/3 ned i cirklen. Tag en knop, kom lim på nakken af gåsen og lidt på siderne nederst ved wiren.

Billede 2:

Sæt den færdige cirkel på gåsen, så det ser ud, som den får ører/vinger. Spidsen/næbet skal vende mod dig, og ørerne må gerne vende lidt bagud. Sæt den tilbage i oasis og lav de resterende.

Når du er færdig med dette trin, finder du igen ca. 6-8 af de største, som sættes over sammen med de første 6-8 knopper, der blev sat til side.

Billede 3:

Udstik nu med den største af de 2 udstikkere, dut skæg og læg den på skumpladen. Kør først rundt i kanten med kugleværktøjet og dernæst midtfor i den nederste halvdel, så du laver en lille fordybning.

Billede 4:

Vend emnet om på bagsiden, her tager du dresden-værktøjet, som du kører rundt på ¾ af emnet, ikke der, hvor du har lavet fordybningen, som nu er en bule på bagsiden.

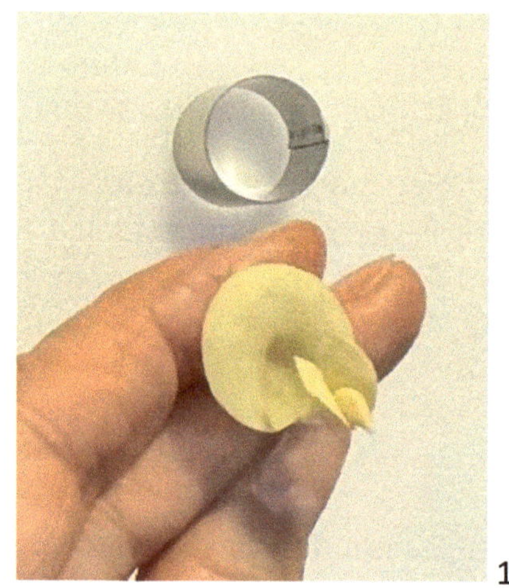

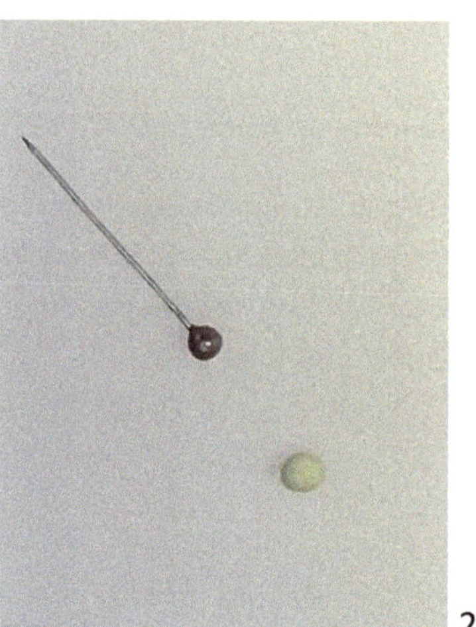

Billede 1:

Kom lidt lim nederst på den halvt udsprungne blomst, hele vejen rundt. Sæt den sidste del på, sådan at den danner en krave bag ved ørerne/vingerne.

Billede 2:

For at lave bægerblad, tager du en lille klump grønt, på str. med et knappenålshoved.

Billede 3:

Form den lille klump til en dråbe, kom lidt lim på wiren lige under blomsten, sæt bægerbladet på, tril forsigtigt mellem 2 fingre for at fæstne og forme den.

Billede 4:

Gør det samme på alle emnerne: knopperne, de halvt udsprungne og de fuldt blomstrende. Lad dem tørre i 24 timer.

Billede 5:

Tag den gule og den lysegrønne pulverfarve. Giv lidt farve til næbet, spidsen af vingerne, og på kanten rundt om kraven, og lidt på bagsiden af den fuldt udsprungne. Kom lidt grønt på bægerbladet, giv lak.

Når lakken er tørret, kan blomsten samles.

Billede 1:

For at samle den færdige gren skal du bruge wire G 20 i 3 forskellige længder – 18 cm. 12 cm og 9 cm, den længste er den gennemgående gren, som blomsten bygges op på. Det bedste resultat vil være at bruge ½ bredde tape, mens du sætter blomsterne på grenen.

Start med at sætte 2 på, helt øverst på alle 3 stykker wire, og kør ned ad wiren med tapen, det giver et godt grundlag for resten af arbejdet.

Billede 2:

Fordel nu størsteparten af blomsterne på de 3 wire, gem en 5 stykker til overgangene mellem grene, sæt flest på de 2 mindste wire, men kun halvt ned på hver.

Billede 3:

Sæt den mindste af grene på først, efterfulgt af et par blomster.

Billede 4:

Sæt den sidste gren på og afslut med en blomst eller 2, hvis du har flere. For at lukke arbejdet af, kan du sætte et stykke hel-bredde tape på den nederste del, hvor der ingen blomster er. Til sidst tager du en tang og bøjer grenene, så de bliver mere livagtige.

Du kan også vente med af farve og give lak, til du er nået til dette stadie, hvis du synes, det er lettest.

8. Lav en syren

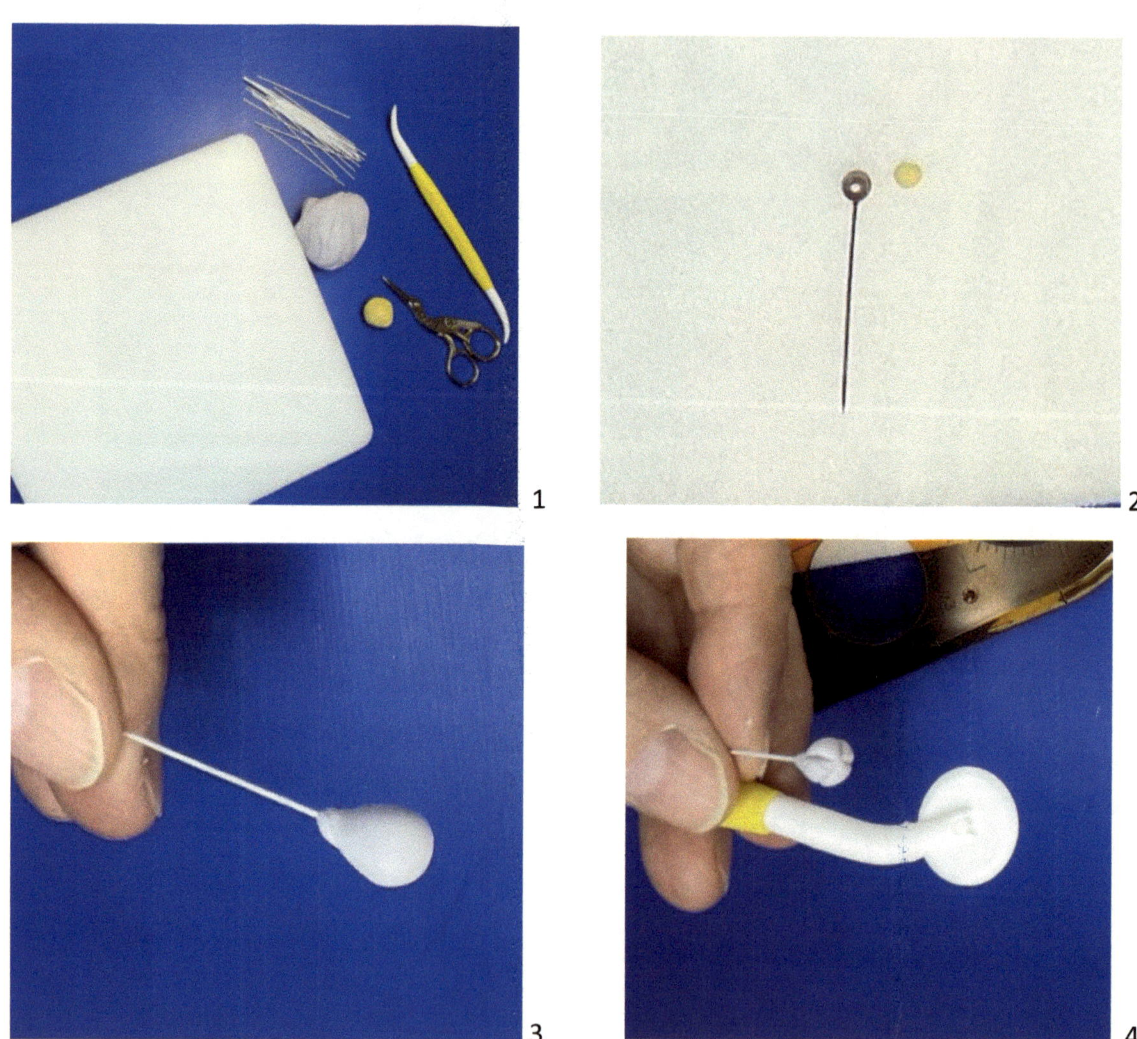

Billede !:

Du skal bruge indfarvet paste i lilla og lidt i gul. Den lilla har jeg taget resten fra lavendlen og tilføjet mere hvid paste, men en syren kan selvsagt laves i mange farver. Syrenen skal laves i 3 stadier : knop, ½ udsprunget og helt udsprunget. Tag wire G 26, du skal bruge 3 X 30 stk af 6 cm hver. Af værktøj skal du bruge lille saks, kugleværktøj, dresden-værktøj, en lille rullepind/tyk strikkepind og rulleskærer.

Billede 2 :

Start med at lave centre til de ½ og helt udsprungne, 60 stk, 30 til hver slags. Lav en lille kugle på str med et knappenålshoved, kom lidt lim på enden af wiren og sæt den lille kugle på, sæt til tørre i 24 timer.

Billede 3 :

Mens du venter på at centrene skal tørre, kan du lave knopperne, lav også 30 stk af dem. Tag en lille klump paste ca. 5 mm i diameter, form den til en dråbe, kom lim på en wire, sæt dråben på wiren med den tynde ende, tril lidt med 2 fingre, så du sikre at dråben sidder fast.

Billede 4 :

Tag dit rulleskær og lave 4 riller. Sæt den til tørre.

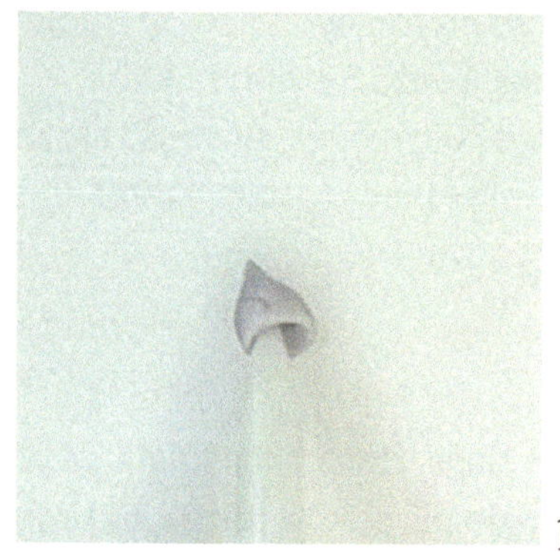

1

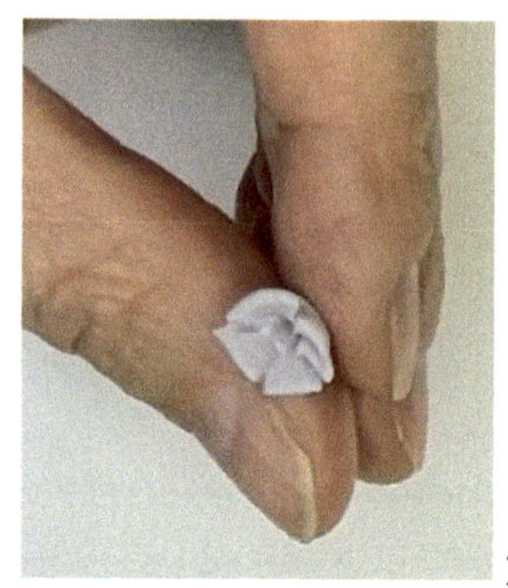

2

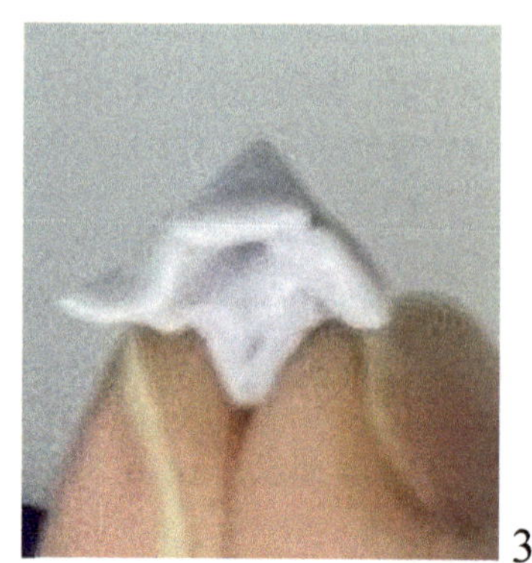

3

4

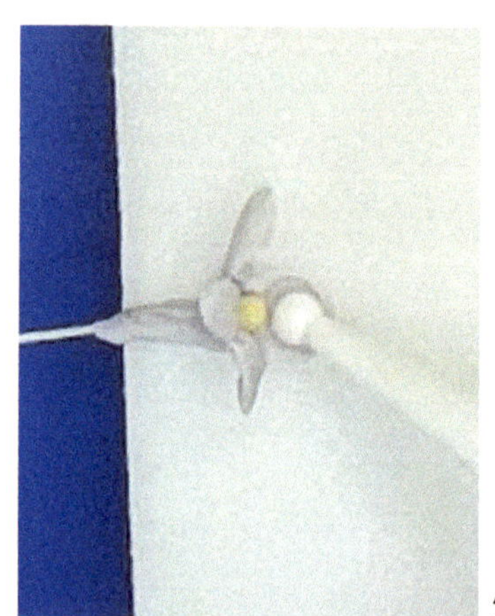

5

6

Billede 1 :

For at lave den ½ udsprungne, skal du tage en lille klump paste, 5-7 mm i diameter, form den til en dråbe, tag din lille rullepind eller en tyk strikkepind og udhul den tykke ende af dråben.

Billede 2 :

Med den lille saks klipper du 4 hakker i siderne af den udhulede ende.

Billede 3 :

Med tommel og pegefinger klemmer du hvert hak, sådan at de bliver spidse. Dernæst klemme du hvert hak fladt mellem 2 fingre.

Billede 4 :

Så tager du et center og stikker ned midt i, triller den nederste del af blomsten mellem to fingre, så du sikre, at den sidder godt fast.

Billede 5 :

Tag den lille ende af kugle-værktøjet og form hvert kronblad.

Billede 6 :

Til sidst sikre du, at centeret sidder godt nede i blomsten, enten ved at trykke det forsigtigt ned, eller ved at rulle stilken mellem 2 fingre, så blomsterhovedet arbejdes op over centeret. Lav nu 30 i alt.

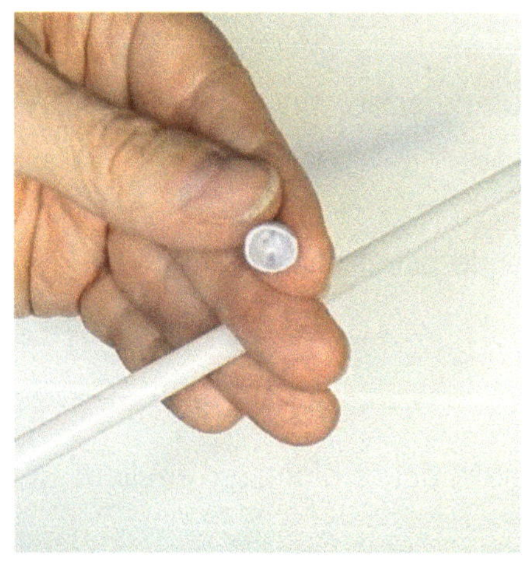
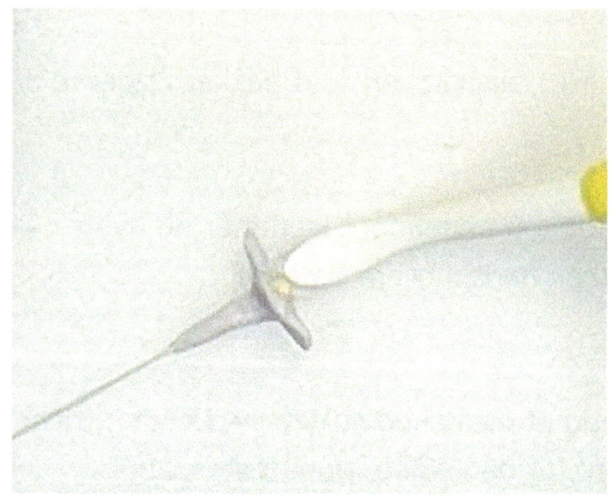

Billede 1:

For at lave den fuldt udsprungne blomst skal du følge de samme trin som til den ½ udsprungne frem til og med billede 4 side 66.

Billede 2:

For at forme kronbladene skal du nu bruge dresden-værktøjet. Sæt spidsen inde ved centeret, tryk forsigtigt og træk ud, så bladet bliver fladt og længere, form, tryk og kør let sidelæns for at give lidt bredde.

For at samle din syren, skal du bruge wire G 20 i længderne: 1 x 18 cm, og 3 x 12 cm.

Start med at sætte 3 blandede blomster på hver af dine wire, brug tape i ½ bredde. Saml derefter størsteparten af blomsterne i små bundter af 3, men gem nogen stykker til at lave toppen af hver forgrening med, samt lidt til at lave glidende overgange med. Når dette stadie er færdigt, maler jeg dem, men det kan også gøres før samlingen begynder. De skal have lidt lilla på kanterne og spidsen af knopperne, samt lidt mørkegrønt nederst. Giv lak inden du forsætter.

Øverst:

Forsæt med at sætte nogle løse blomster på alle 4 stykker wire, et par cm ned ad hver, lidt længere på den længste end på de 3 korte.

Nederst til venstre:

Sæt nu de små buketter på, de må ikke sættes helt tæt til wiren, lad dem have ca. 5 mm "kvist" ind til "stammen". Fordel de små buketter på alle 4 wire. Igen flest på den længste.

Nederst til højre:

Afslut med at sætte de 3 korte grene, på den lange gren, gerne med nogle enkelte blomster imellem for at skabe lidt blid overgang mellem de 3 hele vejen rundt. Blomsten skal ende med at have en kegleform.

9. Afsluttende bemærkninger.

Du er nu blevet introduceret i kunsten at lave håndlavede blomster i koldt porcelæn eller Flowerpaste.

Tjek gerne kurserne på vores hjemmeside ud

www.sukkerblomster.dk

Du kan også, hvis du har lyst til at blive inspireret i forhold til, hvad man ellers kan, gå ind på vores ansattes Facebook side eller instagram : .

FB - Anettes sukkerkunst til hverdag og fest

Instagram – Anette.Pedersen.9066

Der kan i realiteten etableres kurser i alle de blomster, du ser på hendes sider, så skriver du til os på mail :

info@sukkerblomster.dk

Vores næste bog kommer til at handle om det grønne og en enkelt rose, den vil være for let øvede og kræve lidt flere redskaber og farver.

På gensyn.